U0123001

心一堂術數古籍珍本叢刊

書名：章仲山門內秘傳《堪輿奇書》附《天心正運》【原（彩）色本】

系列：心一堂術數古籍珍本叢刊　堪輿類　無常派玄空珍秘　第二輯

作者：【清】章仲山傳、【清】華湛恩

主編、責任編輯：陳劍聰

心一堂術數古籍珍本叢刊編校小組：陳劍聰　素聞　鄒偉才　虛白盧主

出版：心一堂有限公司

通訊地址：香港九龍旺角彌敦道六一○號荷李活商業中心十八樓○五一○六室

深港讀者服務中心·中國深圳市羅湖區立新路六號羅湖商業大廈負一層○○八室

電話號碼：(852)6715084

網址：publish.sunyata.cc

電郵：sunyatabook@gmail.com

網店：http://book.sunyata.cc

淘寶店地址：https://sunyata.taobao.com

微店地址：https://weidian.com/s/1212826297

臉書：https://www.facebook.com/sunyatabook

讀者論壇：http://bbs.sunyata.cc/

版次：二零一九年二月初版

平裝

國際書號：ISBN 978-988-8582-36-5

定價：　港幣　　五百八十元正
　　　　新台幣　兩千兩百八十元正

版權所有　翻印必究

181

香港發行：香港聯合書刊物流有限公司
地址：香港新界大埔汀麗路36號中華商務印刷大廈3樓
電話號碼：(852)2150-2100
傳真號碼：(852)2407-3062
電郵：info@suplogistics.com.hk

台灣發行：秀威資訊科技股份有限公司
地址：台灣台北市內湖區瑞光路七十六巷六十五號一樓
電話號碼：+886-2-2796-3638
傳真號碼：+886-2-2796-1377
網絡書店：www.bodbooks.com.tw
台灣國家書店讀者服務中心：
地址：台灣台北市中山區松江路二○九號一樓
電話號碼：+886-2-2518-0207
傳真號碼：+886-2-2518-0778
網絡書店：http://www.govbooks.com.tw

中國大陸發行　零售：深圳心一堂文化傳播有限公司
深圳地址：深圳市羅湖區立新路六號羅湖商業大廈負一層○○八室
電話號碼：(86)0755-82224934

心一堂微店二維碼

心一堂淘寶店二維碼

心一堂術數古籍 珍本 整理 叢刊 總序

術數定義

術數，大概可謂以「推算（推演）、預測人（個人、群體、國家等）、事、物、自然現象、時間、空間方位等規律及氣數，並或通過種種『方術』，從而達致趨吉避凶或某種特定目的」之知識體系和方法。

術數類別

我國術數的內容類別，歷代不盡相同，例如《漢書·藝文志》中載，漢代術數有六類：天文、曆譜、五行、蓍龜、雜占、形法。至清代《四庫全書》，術數類則有：數學、占候、相宅相墓、占卜、命書、相書、陰陽五行、雜技術等，其他如《後漢書·方術部》、《藝文類聚·方術部》、《太平御覽·方術部》等，對於術數的分類，皆有差異。古代多把天文、曆譜、及部分數學均歸入術數類，而民間流行亦視傳統醫學作為術數的一環；此外，有些術數與宗教中的方術亦往往難以分開。現代民間則常將各種術數歸納為五大類別：命、卜、相、醫、山，通稱「五術」。

本叢刊在《四庫全書》的分類基礎上，將術數分為九大類別：占筮、星命、相術、堪輿、選擇、三式、讖諱、理數（陰陽五行）、雜術（其他）。而未收天文、曆譜、算術、宗教方術、醫學。

術數思想與發展——從術到學，乃至合道

我國術數是由上古的占星、卜筮、形法等術發展下來的。其中卜筮之術，是歷經夏商周三代而通過「龜卜、蓍筮」得出卜（筮）辭的一種預測（吉凶成敗）術，之後歸納並結集成書，此即現傳之《易

經》。經過春秋戰國至秦漢之際，受到當時諸子百家的影響、儒家的推崇，遂有《易傳》等的出現，原本是卜筮術書的《易經》，被提升及解讀成有包涵「天地之道（理）」之學。因此，《易·繫辭傳》曰：「易與天地準，故能彌綸天地之道。」

漢代以後，易學中的陰陽學說，與五行、九宮、干支、氣運、災變、律曆、卦氣、讖緯、天人感應說等相結合，形成易學中象數系統。而其他原與《易經》本來沒有關係的術數，如占星、形法、選擇，亦漸漸以易理（象數學說）為依歸。《四庫全書·易類小序》云：「術數之興，多在秦漢以後。要其旨，不出乎陰陽五行，生尅制化。實皆《易》之支派，傅以雜說耳。」至此，術數可謂已由「術」發展成「學」。

及至宋代，術數理論與理學中的河圖洛書、太極圖、邵雍先天之學及皇極經世等學說給合，通過術數以演繹理學中「天地中有一太極，萬物中各有一太極」（《朱子語類》）的思想。術數理論不單已發展至十分成熟，而且也從其學理中衍生一些新的方法或理論，如《梅花易數》、《河洛理數》等。

在傳統上，術數功能往往不止於僅作為趨吉避凶的方術，及「能彌綸天地之道」的學問，亦有其「修心養性」的功能，「與道合一」（修道）的內涵。《素問·上古天真論》：「上古之人，其知道者，法於陰陽，和於術數。」數之意義，不單是外在的算數、歷數、氣數，而是與理學中同等的「道」、「理」--心性的功能，北宋理氣家邵雍對此多有發揮：「聖人之心，是亦數也」、「萬化萬事生乎心」、「心為太極」。《觀物外篇》：「先天之學，心法也。……蓋天地萬物之理，盡在其中矣，心一而不分，則能應萬物。」反過來說，宋代的術數理論，受到當時理學、佛道及宋易影響，認為心性本質上是等同天地之太極。天地萬物氣數規律，能通過內觀自心而有所感知，即是內心也已具備有術數的推演及預測、感知能力；相傳是邵雍所創之《梅花易數》，便是在這樣的背景下誕生。

《易·文言傳》已有「積善之家，必有餘慶；積不善之家，必有餘殃」之說，至漢代流行的災變說及讖緯說，我國數千年來都認為天災，異常天象（自然現象），皆與一國或一地的施政者失德有關；下

至家族、個人之盛衰，也都與一族一人之德行修養有關。因此，我國術數中除了吉凶盛衰理數之外，人心的德行修養，也是趨吉避凶的一個關鍵因素。

術數與宗教、修道

在這種思想之下，我國術數不單只是附屬於巫術或宗教行為的方術，又往往是一種宗教的修煉手段──通過術數，以知陰陽，乃至合陰陽（道）。「其知道者，法於陰陽，和於術數。」例如，「奇門遁甲」術中，即分為「術奇門」與「法奇門」兩大類。「法奇門」中有大量道教中符籙、手印、存想、內煉的內容，是道教內丹外法的一種重要外法修煉體系。甚至在雷法一系的修煉上，亦大量應用了術數內容。此外，相術、堪輿術中也有修煉望氣（氣的形狀、顏色）的方法；堪輿家除了選擇陰陽宅之吉凶外，也有道教中選擇適合修道環境（法、財、侶、地中的地）的方法，以至通過堪輿術觀察天地山川陰陽之氣，亦成為領悟陰陽金丹大道的一途。

易學體系以外的術數與的少數民族的術數

我國術數中，也有不用或不全用易理作為其理論依據的，如揚雄的《太玄》、司馬光的《潛虛》。也有一些占卜法、雜術不屬於《易經》系統，不過對後世影響較少而已。

外來宗教及少數民族中也有不少雖受漢文化影響（如陰陽、五行、二十八宿等學說。）但仍自成系統的術數，如古代的西夏、突厥、吐魯番等占卜及星占術，藏族中有多種藏傳佛教占卜術、苯教占卜術、擇吉術、推命術、相術等；北方少數民族有薩滿教占卜術；不少少數民族如水族、白族、布朗族、佤族、彝族、苗族等，皆有占雞（卦）草卜、雞蛋卜等術，納西族的占星術、占卜術，彝族畢摩的推命術、占卜術……等等，都是屬於《易經》體系以外的術數。相對上，外國傳入的術數以及其理論，對我國術數影響更大。

曆法、推步術與外來術數的影響

我國的術數與曆法的關係非常緊密。早期的術數中，很多是利用星宿或星宿組合的位置（如某星在某州或某宮某度）付予某種吉凶意義，并據之以推演，例如歲星（木星）、月將（某月太陽所躔之宮次）等。不過，由於不同的古代曆法推步的誤差及歲差的問題，若干年後，其術數所用之星辰的位置，已與真實星辰的位置不一樣了；此如歲星（木星），早期的曆法及術數以十二年為一周期（以應地支），與木星真實週期十一點八六年，每幾十年便錯一宮。後來術家又設一「太歲」的假想星體來解決，是歲星運行的相反，週期亦剛好是十二年。而術數中的神煞，很多即是根據太歲的位置而定。又如六壬術中的「月將」，原是立春節氣後太陽躔娵訾之次而稱作「登明亥將」，至宋代，因歲差的關係，要到雨水節氣後太陽才躔娵訾之次，當時沈括提出了修正，但明清時六壬術中「月將」仍然沿用宋代沈括修正的起法沒有再修正。

由於以真實星象周期的推步術是非常繁複，而且古代星象推步術本身亦有不少誤差，大多數術數除依曆書保留了太陽（節氣）、太陰（月相）的簡單宮次計算外，漸漸形成根據干支、日月等的各自起例，以起出其他具有不同含義的眾多假想星象及神煞系統。唐宋以後，我國絕大部分術數都主要沿用這一系統，也出現了不少完全脫離真實星象的術數，如《子平術》、《紫微斗數》、《鐵版神數》等。後來就連一些利用真實星辰位置的術數，如《七政四餘術》及選擇法中的《天星選擇》，也已與假想星象及神煞混合而使用了。

隨着古代外國曆（推步）、術數的傳入，如唐代傳入的印度曆法及術數，元代傳入的回回曆等，其中我國占星術便吸收了印度占星術中羅睺星、計都星等而形成四餘星，又通過阿拉伯占星術而吸收了其中來自希臘、巴比倫占星術的黃道十二宮、四大（四元素）學說（地、水、火、風），並與我國傳統的二十八宿、五行說、神煞系統並存而形成《七政四餘術》。此外，一些術數中的北斗星名，不用我國傳統的星名：天樞、天璇、天璣、天權、玉衡、開陽、搖光，而是使用來自印度梵文所譯的：貪狼、巨

門、祿存、文曲、廉貞、武曲、破軍等，此明顯是受到唐代從印度傳入的曆法及占星術所影響。如星命術中的《紫微斗數》及堪輿術中的《撼龍經》等文獻中，其星皆用印度譯名。及至清初《時憲曆》，置閏之法則改用西法「定氣」。清代以後的術數，又作過不少的調整。

此外，我國相術中的面相術、手相術，唐宋之際受印度相術影響頗大，至民國初年，又通過翻譯歐西、日本的相術書籍而大量吸收歐西相術的內容，形成了現代我國坊間流行的新式相術。

陰陽學——術數在古代、官方管理及外國的影響

術數在古代社會中一直扮演着一個非常重要的角色，影響層面不單只是某一階層、某一職業、某一年齡的人，而是上自帝王，下至普通百姓，從出生到死亡，不論是生活上的小事如洗髮、出行等，大事如建房、入伙、出兵等，從個人、家族以至國家，從天文、氣象、地理到人事、軍事，從民俗、學術到宗教，都離不開術數的應用。我國最晚在唐代開始，已把以上術數之學，稱作陰陽（學），行術數者稱陰陽人。（敦煌文書、斯四三二七唐《師師漫語話》：「以下說陰陽人謾語話」，此說法後來傳入日本，今日本人稱行術數者為「陰陽師」）。一直到了清末，欽天監中負責陰陽術數的官員中，以及民間術數之士，仍名陰陽生。

古代政府的中欽天監（司天監），除了負責天文、曆法、輿地之外，亦精通其他如星占、選擇、堪輿等術數，除在皇室人員及朝庭中應用外，也定期頒行日書、修定術數，使民間對於天文、日曆用事吉凶及使用其他術數時，有所依從。

我國古代政府對官方及民間陰陽學及陰陽官員，從其內容、人員的選拔、培訓、認證、考核、律法監管等，都有制度。至明清兩代，其制度更為完善、嚴格。

宋代官學之中，課程中已有陰陽學及其考試的內容。（宋徽宗崇寧三年〔一一零四年〕崇寧算學令：「諸學生習……並曆算、三式、天文書。」「諸試……三式即射覆及預占三日陰陽風雨。天文即預

定一月或一季分野災祥，並以依經備草合問為通。」

金代司天臺，從民間「草澤人」（即民間習術數人士）考試選拔：「其試之制，以《宣明曆》試推步，及《婚書》、《地理新書》試合婚、安葬，並《易》筮法、六壬課、三命、五星之術。」（《金史》卷五十一・志第三十二・選舉一）

元代為進一步加強官方陰陽學對民間的影響、管理、控制及培育，除沿襲宋代、金代在司天監掌管陰陽學及中央的官學陰陽學課程之外，更在地方上增設陰陽學教授員，培育及管轄地方陰陽人。（《元史・選舉志一》：「（元仁宗）延祐初，令陰陽人依儒醫例，於路、府、州設教授員，凡陰陽人皆管轄之，而上屬於太史焉。」）自此，民間的陰陽術士（陰陽人），被納入官方的管轄之下。

至明清兩代，陰陽學制度更為完善。中央欽天監掌管陰陽學，明代地方縣設陰陽學正術，各州設陰陽學典術，各縣設陰陽學訓術。陰陽人從地方陰陽學肄業或被選拔出來後，再送到欽天監考試。（《大明會典》卷二二三：「凡天下府州縣舉到陰陽人堪任正術等官者，俱從吏部送（欽天監），考中，送回選用；不中者發回原籍為民，原保官吏治罪。」）清代大致沿用明制，凡陰陽術數之流，悉歸中央欽天監及地方陰陽官員管理、培訓、認證。至今尚有「紹興府陰陽印」、「東光縣陰陽學記」等明代銅印，及某某縣某某之清代陰陽執照等傳世。

清代欽天監漏刻科對官員要求甚為嚴格。《大清會典》「國子監」規定：「凡算學之教，設肄業生。滿洲十有二人，蒙古、漢軍各六人，於各旗官學內考取。漢十有二人，於舉人、貢監生童內考取。附學生二十四人，由欽天監選送。教以天文演算法諸書，五年學業有成，舉人引見以欽天監博士用，貢監生童以天文生補用。」學生在官學肄業、貢監生肄業或考得舉人後，經過了五年對天文、算法、陰陽學的學習，其中精通陰陽術數者，會送往漏刻科。而在欽天監供職的官員，《大清會典則例》「欽天監」規定：「本監官生三年考核一次，術業精通者，保題升用。不及者，停其升轉，再加學習。如能黽

勉供職，即予開復。仍不及者，降職一等，再令學習三年，能習熟者，准予開復，仍不能者，黜退。」除定期考核以定其升用降職外，《大清律例》中對陰陽術士不準確的推斷（妄言禍福）是要治罪的。《大清律例·一七八·術七·妄言禍福》：「凡陰陽術士，不許於大小文武官員之家妄言禍福，違者杖一百。其依經推算星命卜課，不在禁限。」大小文武官員延請的陰陽術士，自然是以欽天監漏刻科官員或地方陰陽官員為主。

官方陰陽學制度也影響鄰國如朝鮮、日本、越南等地，一直到了民國時期，鄰國仍然沿用着我國的多種術數。而我國的漢族術數，在古代甚至影響遍及西夏、突厥、吐蕃、阿拉伯、印度、東南亞諸國。

術數研究

術數在我國古代社會雖然影響深遠，「是傳統中國理念中的一門科學，從傳統的陰陽、五行、九宮、八卦、河圖、洛書等觀念作大自然的研究。……傳統中國的天文學、數學、煉丹術等，要到上世紀中葉始受世界學者肯定。可是，術數還未受到應得的注意。術數在傳統中國科技史、思想史、文化史、社會史，甚至軍事史都有一定的影響。……更進一步了解術數，我們將更能了解中國歷史的全貌。」（何丙郁《術數、天文與醫學中國科技史的新視野》，香港城市大學中國文化中心。）

可是術數至今一直不受正統學界所重視，加上術家藏秘自珍，又揚言天機不可洩漏，「（術數）乃吾國科學與哲學融貫而成一種學說，數千年來傳衍嬗變，或隱或現，全賴一二有心人為之繼續維繫，賴以不絕，其中確有學術上研究之價值，非徒癡人說夢，荒誕不經之謂也。其所以至今不能在科學中成立一種地位者，實有數因。蓋古代士大夫階級目醫卜星相為九流之學，多恥道之；而發明諸大師又故為惝恍迷離之辭，以待後人探索；間有一二賢者有所發明，亦秘莫如深，既恐洩天地之秘，復恐譏為旁門左道，始終不肯公開研究，成立一有系統說明之書籍，貽之後世。故居今日而欲研究此種學術，實一極困難之事。」（民國徐樂吾《子平真詮評註》，方重審序）

現存的術數古籍，除極少數是唐、宋、元的版本外，絕大多數是明、清兩代的版本。其內容也主要是明、清兩代流行的術數，唐宋或以前的術數及其書籍，大部分均已失傳，只能從史料記載、出土文獻、敦煌遺書中稍窺一鱗半爪。

術數版本

坊間術數古籍版本，大多是晚清書坊之翻刻本及民國書賈之重排本，其中豕亥魚魯，或任意增刪，往往文意全非，以至不能卒讀。現今不論是術數愛好者，還是民俗、史學、社會、文化、版本等學術研究者，要想得一常見術數書籍的善本、原版，已經非常困難，更遑論如稿本、鈔本、孤本等珍稀版本。在文獻不足及缺乏善本的情況下，要想對術數的源流、理法、及其影響，作全面深入的研究，幾不可能。

有見及此，本叢刊編校小組經多年努力及多方協助，在海內外搜羅了二十世紀六十年代以前漢文為主的術數類善本、珍本、鈔本、孤本、稿本、批校本等數百種，精選出其中最佳版本，分別輯入兩個系列：

一、心一堂術數古籍珍本叢刊
二、心一堂術數古籍整理叢刊

前者以最新數碼（數位）技術清理、修復珍本原本的版面，更正明顯的錯訛，部分善本更以原色彩色精印，務求更勝原本。并以每百多種珍本、一百二十冊為一輯，分輯出版，以饗讀者。

後者延請、稿約有關專家、學者，以善本、珍本等作底本，參以其他版本，古籍進行審定、校勘、注釋，務求打造一最善版本，方便現代人閱讀、理解、研究等之用。

限於編校小組的水平，版本選擇及考證、文字修正、提要內容等方面，恐有疏漏及舛誤之處，懇請方家不吝指正。

心一堂術數古籍　珍本　叢刊編校小組
二零零九年七月序
二零一四年九月第三次修訂

民國貳拾年辛未仲秌錄

堪輿奇書

苑麓山人朗煜明藏

挨星口訣

子癸并甲申　貪狼一路行 上元一白

壬卯乙未坤　五位為巨門 上元二黑三碧

酉辛丑艮丙　天星說破軍 下元三六八

乾亥辰巽巳　連戌武曲名 中元四綠

寅午庚丁上　右弼四星臨 下元之九

乾坤艮巽甲庚丙壬寅申巳亥屬陽陽須順轉

子午卯酉乙辛丁癸辰戌丑未屬陰陰還逆排

右圖將本山之星作主裝在向上所謂本山星作主番向逐爻行是也譬如一運子

山午向子上貪狼星番到向上午字子屬陰逆挨午貪巽巨卯祿艮文子武乾破酉

輔坤弼是也九星之中廉貞不動所謂廉貞歸中位是也又如二黑運立坤山艮向

坤屬陽坤上巨門番在艮上順挨是巨子祿文酉武坤破午輔巽弼外貪是也空

位忌流神何也豐之貪狼不可照見字若見支河漢港來去昏凶此乃章仲山先

生註辨正補註亦如此挨也為見此口訣缺後四句者余故逐句補入亦導古例耳

又有大玄空云生入尅入為吉生出尅出為凶此和亦吉者何也亦如上元一運中

子山午向子上是貪午上是弼法用九宮遁跳子午屬陰遊跳先將山上貪字入中

巨到巽祿外文坤廉子武午破巨輔酉弼乾再將向上弼運入中貪到艮巨外祿坤

文子廉午武艮破酉輔乾第一盤山上飛星是廉屬火第二盤山上飛星

水水尅火從外尅入吉第一盤向上飛星是武屬金第二盤向上飛星是廉屬火火尅金

亦名尅入大吉再用元運加之以斷每運吉凶此華仁基先生註挨星辨正之說也

坤壬乙巨門從頭出

艮丙辛位位是破軍

巽辰亥盡是武曲位

甲癸申貪狼一路行

子未卯一二祿存到

寅庚丁原來作輔星

乾戌巳文曲廉貞次

午酉丑右弼俱屬九

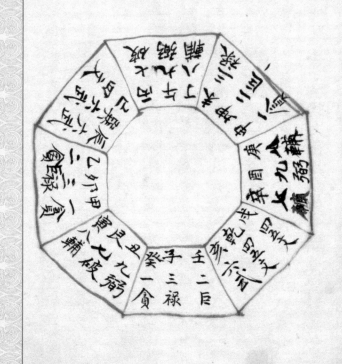

星之所臨氣之所鍾上感下應
化机周流品彙所有調和二儀

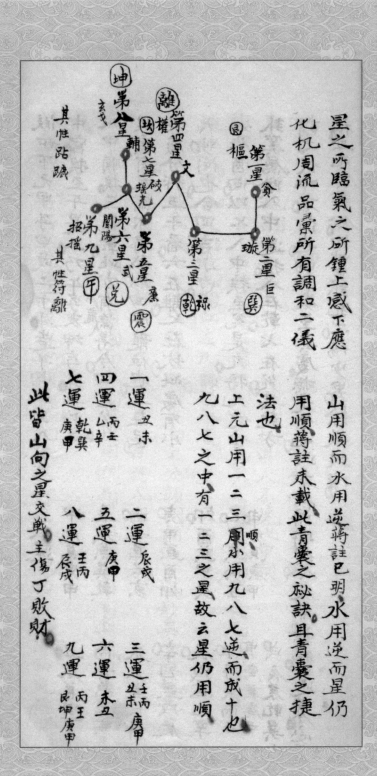

山用順而水用逆蔣註巳明而星仍
用順蔣註未載此青囊之祕訣且青囊之捷

法也

上元山用一二三而水用九八七逆而成十也
九八七之中有一二三之星故云星仍用順

順

一運 丑未
二運 辰戌
三運 壬丙 丑未 庚甲
四運 兩壬 山辛
五運 庚甲
六運 赤丑 丙壬
七運 乾巽 庚甲
八運 壬丙 辰戌
九運 丙壬 艮坤 庚甲

此皆山向之星交戰主傷丁敗財

假如下元甲子甲戌二十年造午向以七八

中宮挨至午是二乃午字變坤字耳再將二

入中順挨三在乾此方有為得令（龍）四在兌

此處有水為不得令以四亦龍位也五在艮

此處分作五十看六在離七在坎此處有水

大妙何也合四吉水也

如作酉向以七入中挨八在兌是九將九之中

卦筭屬陰八中逆挨八在乾七在兌其乾方

謂之伏吟方何也兩次數至其處揆是八也此方在得時得令反能發福一過時令必至

禍且死於非命如此艮卦犯之傷少男餘倣此推

八運

甲庚兼寅申　　丑未兼癸丁

辰戌兼巽乾　　丙壬兼巳亥

庚甲兼酉卯　　未丑兼艮坤

　　　　　　　辛乙兼戌辰

卯酉兼甲庚　　辰戌兼乙辛

巳亥兼丙壬　　午子兼丙壬

申寅兼庚甲

戌辰兼乾巽

天驚訣

九宮八卦貴乘時能辨天心次易知當日景純傳妙訣陰陽點破萬般商天根月窟

真消息倒地翻天如碁局強把山川來縛住其人不曉此中詞

玄空大卦更玄三石破天驚不易傳天卦在真三至寶陰陽兩路逐元還九星變起

雌雄異要合天心造化機江左凡師錯解者于支上而細推疑

立極中行各主張五六七八順飛揚排來向上分顛倒調佈中宮妙異常旺然死生

天卦辨陰陽順逆細推詳五行亦在干支上得天心各換方

名非有定星隨氣變　山用順而水用逆水用順在山三上起在水水上

起

地盤總順將所藝之年何運入中順飛畧向上得何星卦看倒山向上陰陽而定陽順

陰逆即向上之星入中飛去為天盤準用地盤上飛五黃到向五黃無位將向上陰

陽為順逆五黃入中當令乘時伏吟不忌反吟不忌

如六白運用乾山巽向即順局為伏吟六白運用戌辰即逆局為反吟　註一白在一宮為伏吟

宮為反吟　一白在九紫

中黃二十年辰戌丑未寄在乾坤艮巽內上中十年旺丑戌下中十年旺辰未又遇

丑戌年有水旺上中二年立或遇辰未年下中即旺六白運坎小為催官水有離峰

力加十培下元九紫運有遠水為四九為友巽小又旺又有乾峯力加十培無峰少

力八宮同有此水無風即無氣有財無丁矣

甲庚丙壬寅申巳亥乾坤艮巽屬陽順排

乙辛丁癸子午卯酉辰戌丑未屬陰逆挨

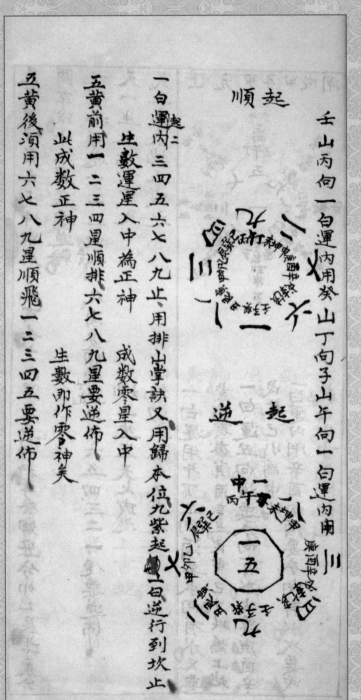

起順

壬山丙向一白運內用癸　山丁向子山午向一白運內用

一白運內三四五六七八九止、用排山掌訣又用歸本位九紫起一白逆行到坎止

生數運星入中為正神　成數零星入中

五黃前用一二三四星順排六七八九星要逆佈

此成數正神　生數即作零神矣

五黃後須用六七八九星順飛一二三四五要逆佈

起逆

中午丙　未坤申

一五

艮寅甲兮巽巳丙坤申庚兮乾亥壬十二星辰要順行子癸俐丑分卯乙辰午丁未兮

酉辛戌十二星辰要逆輪

九宮排順逆一二三四七八九（五六）演要順飛輪九

天一生水地六成之

天三生木地八成之

地四生金天九成之

地二生火天七成之

（八七六五四三二一）便要逆佈

一白運用午丁正向演要本向有水又要

戌乾亥兮寅申辛丑艮寅巳水此為上地

一白運丑向演要本向有水次要庚酉辛

戌乾巳兮為中地

一白運內用辛酉向演要本向有水次要戌

乾巳兮亦為中地也

上

元

甲子

用戌甲

上元
甲申
甲申
午
丙向為丁向
用

上元
甲辰
甲午
丁
甲
用
寅

二黑運內用丑為正向湏要本向有水又要庚
酉辛戌乾巳甲卯乙之水是為上吉地
庚向湏要本向水又要戌乾巳甲卯乙坤有水為中吉地
乾向湏要本向有水又要辰巽巳甲卯乙坤
艮水亦為中吉地

三碧運內酉辛正向湏要本向有水又要戌
乾巳甲卯乙之水此為上吉地
戌向湏要本向有水又要辰巽巳甲卯乙未
坤申之小為中吉
辰向要本向有水又要甲卯乙坤申之水亦為壕也

中元
甲子甲戌用
甲申丁

八四二六

中元甲申十年
丑戌為正局
壬丁酉辛癸季向
甲午十年
卯乙子癸炎之
辰未正向

三五一

四禄運內用戌為正向須要本向有收又要巽
已甲卯乙未坤申之水此為上吉
已向本向要水又要甲卯乙未坤申壬子癸之
水是為吉地
甲向要本向水又要未坤申壬子癸之水亦為中吉
戌向之止要水又要辰巽巳甲卯乙未坤申之
水若見辰戌丑未之水是五黄格此為三元不
敗之地
辰向用辰巽巳甲卯乙未
坤申壬子癸之水
丑向用本向水酉戌辰之水
未向用本向水子午艮四宮之水

六白運內用辰為正向要本向水又要甲卯乙

亦為中吉

坤申向本向水又要壬子癸丙午丁丑艮寅

甲向要未向水未坤申壬子癸之水是為中吉

未坤申壬子癸之水此為上吉

七赤運內用卯乙正向要本向水又要未坤申

壬子癸丙午丁辰巽巳之水此為上吉

未向要本向水又要壬子癸丙午丁五艮寅之水為中吉

子癸向要本向水又要丙午丁丑艮寅庚酉辛

之水亦為中吉

下元

三八四

甲申
甲午
用午

八白運內用未正向要本向水又要壬子癸
丙午丁向丑艮寅之水些為上吉
壬向要本向水又要丙午丁丑艮寅庚酉辛戌乾亥之水篇中吉
午丁向要向上水又要丑艮寅庚酉辛戌乾亥
之水亦為中吉

下元

九五
四

甲辰
甲寅
用寅

九紫運內用子癸向亦要有水又要丙午丁
丑艮寅庚酉辛戌乾亥之水此為上吉地
丙向向上要水又要丑艮寅庚酉辛戌乾亥
之水是為中吉
庚向向上有水又要戌乾亥水亦為中吉地矣

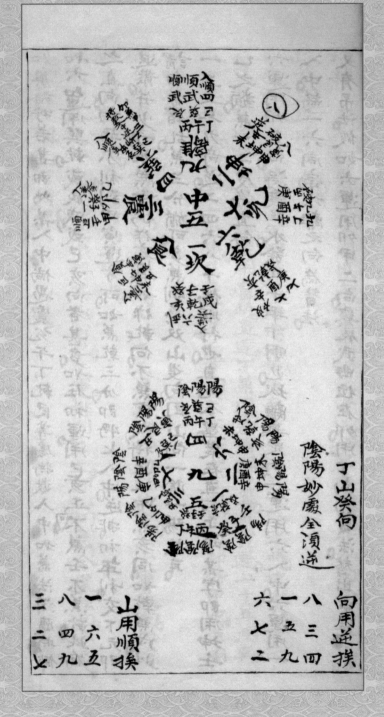

丁山癸向

陰陽妙處全須逆

向用逆挨

八	三	四
一	五	九
六	七	二

山用順挨

一	六	五
八	四	九
三	二	七

如奧語呼若某即將某入中倘遇震兌午丁乾艮等處入中如某法須隨時假

如六運用巽乾或辰戌或巳亥向者甚多如在初運用巳亥正向不兼壬不兼乾此篇

之直向初年不利到甲寅運方可如某乾三分即將七八中逆排初年利交下元即

退散弁少乎如某主仍作亥算如作乾向不兼亥戌同如乾兼戌此

謂向首錯乱兼三分猶可多無則為双山雙向曰山向一陰一陽故耳

一三五七九奇逆二四六八十偶順行也直元令星裝在直向上呼某字即用坤壬

乙之類兼一二慶為直向

六運用卯直向得震巽水發四十年丁財也坎離無定向一運用六入中六運用一

入中為一六同宗坎離之向為替法

又有吊法假如六運用卯甲二向巽辰武曲位在卯用丁向為替法替出寅字

坎離二宮作向與他卦不同假如六運用一入中送令星在向順子癸向令星在山

此為用生成法也

上元一二不歸書中元四綠不歸書中五黃運南北八神共一卦之時坤壬乙艮丙

辛巽辰亥甲癸申不歸中皆用當時直達不兼用若兼歸中算五黃運上十年用巽

下十年分算用辰亥六白運巽辰艮而辛向上不歸中直用兼用即歸中也兼用

者補救也

六白運用辰斗柄指辰向辰則吉元▽有五位歸中即打結法也然六運辰向只有

四吉倘雜丙水兼貪而為五吉也

江東一卦起於東八神之中得其三何也三運排到三上卯乙向三令星在向一二

退四五六別元可得也

江西一卦起於西七運用酉辛向得七八星為八神五六退九入中南北八神五歸

中皇極包函三卦皆可用也非是東西二卦只有一二上運用庚甲向五歸中即南

北八神共一卦也五運用打結用五位歸中皆共一卦也

一白運用午丁向雜丁未坤水取八白左輔為五吉下憸此為天元六白運用辰向

雜巳丙水所入元煮貪巳丙宜向天門上辰為天門向辰則煮貪為五吉

五運用乾亥壬水煮為五吉

山上龍神不下水水裡龍神不上山山當人丁水管財祿山龍排山為主平陽排水

為主山中有水即用向上排水平陽有山即用山上排山故山上令星要放在山名

曰山當人丁不可放在水裡則傷丁敗財故曰山上龍神不可下水也

水上令星要放在小裡名曰水主財祿不可放在山上則傷丁敗財故曰水裡

龍神不上山也此山水二局皆合大地也。

收山出煞者兩股夾出水將令星安在三义口倘一股單水令星不可放互水口要

放在浜辰來庚為出煞

生八魁入生出煞出以中宮向上來口去口論之令然二運五行以先後天八卦算

入中再丑令星入中假如六運六八入中必絕也用一白最久發至中元凶星在旺水

上又逢戌已年太歲五黄到大凶若在敗水上更凶如吉星在吉水上逢流年太歲

吉星更吉用玄空三合六合對冲流年生年箕坤流直射或在來水則傷人下在去

口上灣抱女人多症在向上必傷人下

玄空星向分先後假如一運用癸甲申亥向九運先用癸一運用申一運一中在癸

左申一用六壬向一運有一个六在內艮丙帝六運先用辛亥向

城門訣

水之交會屬要及時及令之星即為生入一般水出口要一出六六出一六白運中

來水之源用六去水之屬用一排之浜為來源六白運辛乙戌成辰一入中遞佈丁山

癸向五入中遞佈

上元用成數入中遞佈到向上星入中或順或逆借五黃到溏水口又戌

己年應立下元用生數入中遞佈一二三四五為生六七八九十為成數五黃運用

十即五十中

生奇數逆佈前無龍神前無向即得時得令之龍神聯珠不相放山向合時合運也

數耦數順行山向反吟伏吟再遇年月反吟伏吟必凶矣

成耦數順行山向反吟伏吟再遇年月反吟伏吟必凶矣

打結法當元卦運不入中反從向上星辰乃坤壬乙用淺卦當令可用

天心十道法假如向上天星三碧偶遇山上重起星輪佈到向上是七赤星為十道

或八方合十為格

四吉卦用逆陰要生水局向

四凶卦用陽順要殺水局向

陰陽相乘上元六七八九水倘六七八九到水上為陰見陰凶若一二三四星到六

七八九水上為陰水見陽星此是陰陽相和吉或五黃星到向或到山或到水口若

逢戊巳年應凶戊申為陽干陽支巳申在陰干陰支故應凶也

子午卯酉向用乾坤艮巽水口或乾坤艮巽向亦用乾坤艮巽水口更有乾坤艮巽

向用兼甲丙庚壬乙辛丁癸為無雜局又云子癸為不雜或壬亥丑或壬亥

無壬或子癸無丑為五行位中出一位貪狼原是發來遲哂向穴中人不知向首肯

五
七
三　二　九
七　一
九　六　一
八　四
二　八
六
二

貪狼坐山有貪狼穴中有貪狼

驗法

六八七二十八三九四一六二八三八四九五十流年歎白法假如上元甲子起坎一

宮一白入中丑年九歎入中逆排六十年中元四綠起四綠逆排六十年下元甲

子起七赤逆排六十年與日月時飛歎白能同到向與本卦相生比和吉相尅則凶

亦要看時乘旺不可失時相尅則大凶矣

辛山乙向薰戌辰六白運用一八中逆甲山卯辰巽巳小水丙午丁大水巳乾峯高

飛爲九

地盤順天盤順爲貴局地盤逆天盤逆偶遇之比貴

向上起星佈到水口上山上之星亦佈到水口上若然二沪合運雙到水口發最速

山上龍神不下水者坐山天星入中佈八方見山得氣星吉飛星見水立橋墩屋高

處得見用水星天機安內得其所為內山向水土

兼向法陽字高無一度三度陰向為耦無二度四度

無輔弼貪煮非無內用也是無山收氣無水出位之用也假如未坤水立乾巽向移

後步乃未坤申水交丁未坤水為下元萬通上元之用也

挨星訣

左為陽子癸至亥壬右為陰午丁至巳丙此屬口訣 五八起 四起

每一卦分三元法每一字管三十年甲巳未癸下之上卯巽坤壬下之中乙辰申子

下之下午巽乾丑上之上丙酉戌艮上之中丁庚亥寅上之下

上元一白二黑三碧名運中甲癸申坤壬乙一二三不要入中元四綠六白運中巽

辰亥四亥不要入中下元乙赤八白九紫運中艮丙辛乙八九不要入中

三星五吉不同　伍相得而各有合謂之五吉也 _{註上星言龍作五吉言卦氣}

下元末上元、初可用申庚向故曰後周中元初寅甲可兼用故曰尤榮

寅坤申艮御門開　註開者照通也卦也

脈取貪狼護正龍　交八九運中元運短促也

取得輔星成五吉　註此謂熏取坎氣入穴以坎上元之旺氣　註輔星不在天元宮之中水又不在天元宮之山上正在天元宮

六白運內挨星接氣訣

庚山甲向有坤水可用咸山辰向有卯水見可用艮山坤向有坎水見可用寅申上

午山子向有坤水見用丁山癸向同上丙山壬向有午水可用

註一個星神一節龍以定世代遠近之應

此龍神從未龙之龍神是元運流動之龍神也

流年紫白歌法

上元甲子起貪狼中元甲子起四綠下元甲子起七赤是也

如乾隆九年中九四綠
九劃究八白嘉慶九年六七赤
九六白道光三年五黃十三四綠廿三
二黑二黑然白

子午卯酉正八月　寅申巳亥正月二
辰戌丑未正月五

易曰数往者順知来者逆

訣　掌中

六　七元　八　九

四中　三　二　一元

山

貪（順逆）

昌一　二三　三三　四四　五五　六六　七七　八八　九九

巨　祿　文　廉　武　破　輔　弼

水

纪　乾

三六　二九

四九　三一

五一　四二

六二　五三

七三　六四

八四　七五

九五　八六

一六　九七

二七　一八

換

星
圖

卦									
艮	四	五八	六九	七一	八二	九三	一四	二五	三六
離	五六	六七	七八	八九	九一	一二	二三	三四	四五
坎	六五	七六	八七	八七	九八	一九	二一	三二	四三 五四
坤	七四	八五	九六	一七	二八	三九	四一	五二	六三
震	八三	九四	一五	二六	三七	四八	五九	六一	七二
巽	九二	一三	二四	三五	四六	五七	六八	七九	八一

口授換星訣

坤壬乙未巨門出艮丙辛酉是破軍巽辰亥乾戌巳盡是武曲對甲癸甲子貪狼一列行庚午丁同寅起弼星。

古經貝語云坤壬乙文曲從頭出艮丙辛位、屬破軍巽庚癸武曲從頭起乾甲丁

貪狼一路行此不重壘而重水火木金不過借九星之名顯五行之性水司六位分

布四方而成三合護山者也今此奧語是後之君子易其歌訣以成三元之正運為

陰陽之網紀本是河圖坎一坤二震三巽四中五乾六兌七艮八離九分為下元以

上元甲子坎宮采中元甲子四綠順行流下元甲子起于乆是也

蓋坎湡數之一也五行之首水也斗之魁貪狼也領坤震夊四干二支兴主宰乎上

元運子正運五閏生旺之氣即分己之子壬而入于坤引坤之子申震之子甲而歸

震巳同屬貪狼故上元五挨星局以子癸甲申起貪狼位其坤未鳩合震三而受壬

震之子邜乙同屬巨門循環組貪共理上九旺衰之事也

中元四綠中黃及乾六掌中元甲子正運五行生旺之氣水是用乾之武曲為巽之

對待故中元立挨星局而以乾巽六位起武曲以廉貞鎮守中黃維天立極御制四

方利於建制都宮陵霞則威揚八表召其歲福若非此而下者必羅其隱慎之

下元炁之主事統艮八離九主宰下元甲子正運五行生旺之氣而兊分巳之子庚

寄於離引離之子丙艮之子丑同屬破軍而離得兊之子庚艮之子寅同屬右弼司

下元之代謝故下元立挨星局以兊辛丑廉丙起破軍以午丁庚寅起右弼也

巳上三局惟中元乾巽挨星正卦干支不相假借者何也回中五廉貞間於其中也

又上元之祿存中元之文曲下元之左輔未觧班序於總圖此非隱謎作者之而有

天地自然之理也然以九數分三如叙一家骨肉而分統三元正運生死旺衰之氣

而坎一又為三元之綱紀九星之首領中下兩元亦不得置之勿論也其離九又為

首領陰陽之對待收攝元運之化機故得離九主旺之氣皆有三元不敗之妙義也

楊公玄空大卦分位訣

坎巽離乾二長三艮坤兌卦順迴環震宮只用逆取行三二一分逐位頒

　　二父母卦用

子午卯酉乾坤艮巽為父母天元卦也甲丙庚壬辰戌丑未為地元卦乃父母卦之

逆子也乙辛丁癸寅申巳亥為人元卦是與父母卦順子也父母卦與順子一卦右轉惟逆

子一卦左轉此所謂蔣後第三卦二父母之用也

　　星訣

一用六二用七三用八四用九令星皆在坎離二向首順揲去九用四八用三七用

二六用一四用九假如六運用一入中逆佈兩向喺佈子癸向

陽宅真訣

陽宅龍穴與陰宅無異但六情宜寬大可居山必論龍平陽須得水兩者相得為
全美居山而無龍平陽不得水丁財不旺即旺亦暫時耳時師每含論末多以偽訣
断人家禍偶有一中鰲以為神而不知奸狡伺術非一端即便果驗不過一術
終非明理之言也觀覽陽宅諸書論戴不一便鄙者甚多惟思山之言近理可信然
亦恐未參差瑕瑜雜出是以博採諸書正其可否定其是非略序數篇明其大義以
便明者有所採擇焉

論目

一論局二論宅三論元運四論屋運五論生命六論流年合而觀之以卜一宅之興
衰優明重在形勢細看數量勿執一非以廢眾論斯可耳

分局

分局之法依水則以前法分之無水及水遠不接之處即為無局在城市中則以街

路分之如或四圍皆屋中有一片空地則以空地分之空則氣通運則有衰有旺故

其分局一如小法若屋小而僚高屋如樓臺殿宮之類則以囘光反照之法分之反

照之說即反風洄流之義也鄉間居宅不傍水即傍街路分之或前後左右有低田

分之有坵埠則以坵埠分之在山中則以溪澗分之或以山崗山凹分之其分局之

法其局變與不變揆與水法無二有一宅而止一局者有一宅而衆數局者有直來

直射不宜盪胸潑面反跳斜飛俱不可取宜活用之亦可浄水不必舍此吊

浜剪小之法而專言分局也街巷道路其理相通直射斜冲總為帶煞居之不宜佛

塔牌坊冝遠冝避晨鐘暮鼓少吉多凶總言合元猶可退元無唯類臭而術者邊云

補救不亦難乎。

論宅

局以定矣而後可以論宅立宅宜與局相生比和勿與局相尅或坐水或倚
水如作平陽之法水來宜朝水去宜坐環遶可倚四正之局宜立西正之宅四隅之
局宜立四隅之宅取其陰陽純一而無駁雜之病也或正隅同用者如一六二七三
八四九用先天一生一成之義聲應氣求兩美益濟外此則非所宜矣定無大小統
之則為一局宅之大者一宅之中又分九局依山傍水坐山朝向宜合時合令高低
層進零正間數制化須得其宜王候之宅最大者也九局之中又分九局共成八十
一局如八陣之例局之有正有變此中有轉移之法盖以大局為主小局附之則又
不可概以純論也又或屋低小横一進二進無天井則廂者不能蓄氣不可以定論

必三進四進有天井則廂廊則氣性流通方可論定有大局鄉間少大宅有一小村

團聚一處者間離各別作一局論而各多其生尅往兼若另散不紋東西各別則不

可以一局論也術者以東四西四分八宅而以九星分言刻其是強合無驗且術家

其重三合陰陽二宅莫不由之若依法而推則坎之長生在坤申而八宅接

絕命坎之墓庫在巽而反謂之生氣離之墓絕在乾而八宅何以反謂之

禍害即此二宅之言從山從向無一不背術者亦詼自知謬矣而復巧為者八卦接

　　　　　　　　　　　　　　　　　　續之說以救八宅之窮殊不知門上宜尅此但可論門不可論定蓋有定而後有門

非有門而後有定本已失矣而術家猶自誇其法之變通不亦惑我

　　論進

凡屋橫列一進作幾間當依圖小火金木土生成之數亦以局論其生旺尅以為制

三四

化如一進作三間屬木於坎局則局生屋尅局一進五間屬土於坎局

為屋尅於兌局為屋生局一進作又間屬火於坎局為局尅屋於震局為局生屋論

定亦同局定不和剝以間數化之可吉利也

凡屋有正有零正屋以定星為主而順送從頭數之盖定有九宮而一進則論橫列

可也坐乾巽坎震為陽定在內朝外從左邊第一間數至右坐巽離坤兌為陰宅在

內朝外從右第一間數至左如坎宅一白為主則朝外從左手第一間數一白為第二

間二黑第三間三碧離兌以九紫為主則右為第一間數九紫起第二間一白第三

間二黑其餘倣此每逢另敬不可接連盖一宅一太極也而一進有一進之太極一

倒有一間之太極無混亂相連之理也零屋先以正屋宅星為主後論其坐宮之生

尅衰旺再以某方論著某星看某星所屬再論其生尅制化如坎宅以一白為主入

中宮排至二黑然到乾方乾金本一句之一恩主能洩坤土之氣二黑為坤二為老陰

此方零屋宅毋居之有灾以其本身為然而反被乾洩殃不及人必至自受若問坐

東向西作三間一進屋屬水四綠在中間四為文昌星作書房大利若問坐西向東

作四間一進屬金亘作倉庫三碧洩氣到必受尅三為震乙為長子長子居之不利

當作六間以化之坐西為金閒敞為水相生則吉四綠到艮艮為土煞水尅制之雖

洩無害倘遇流年五黃土然到此火凶此方宜安靜六事俱忌非寺院官衙坊不可

拾方開門主傷丁長及仲子盖坎為宅星為中男故也六白生氣来守元神長者

居之延年益壽丁財兩旺乂赤生到坤坤為土煞化而為恩居之大利八白旺星到

震少子居之有灾與二黑到乾同斷九紫財氣到巽受生氣中宮居之大利凡八局

之零屋其坐向與閒敞如上元乾宮之例取其相生制化而已

数法從屋不從局如在火局然方而作震屋則以三碧数起如在火局之震方而

作凡屋則從之赤数起而云物物一太極而不相借也以以推之則每進之主星

可定而閒数之主星亦可定也

論閒

閒数既定則以閒数所值之屋星為主以論九宮飛星論其旺衰死以為開門安床

六事之用如坐北向南坎屋一白為主從左手数起第一閒為一白為魁星

又為貪狼興屋比和大吉即看一白坎局二黑在乾三碧到兑四綠到艮五黃到離六

到坎七到坤八到震九到巽各方開門安床作灶等六事須要看元運生旺人命宜

忌巧進退而後用之如坎定第一閒一白数至第五閒五黃大凶又為屋之氣数凶

不可當此閒断不可以作房當有孤寡瘠瘵之病水命人居之其應更速遇流年二

里來併必如其餘八宮俱依此法推之可心

元運

三元大運每宮六十年三宮共一百八十年而為一大三元共五百四十年而一

週小運每宮旺二十年三宮共六十年而一週目下大運下元七赤當運小運正元

三碧當運大運看都會小運看村落民閒陰陽兩宅俱用之故陽定於本宮為主亦

二十年易一運一百八十年而一週其所易之運視本宮之生尅緊坐旺有化無

化為之吉凶盖陰陽之數火生於坎中故龍運自一而至九水在於離中故水運

旬九逆行之一陽一升陰一降陽再非陰再降故龍運之鍾兩兩相配而成合十以

用馬無他視水而立局局合水合自無不旺者也至於歲運則視憲書之所載何宮

值年月年月之生尅制化以修方造作之宜忌亦可渴而悉矣時雍正甲運年作此說

論屋運

屋運以山為主次看層數再看間數又零數只宜相生不宜相剋凡層數間數零數

俱以洞圖水火木金土之序數也假如坎宅以水為主正屋三進三間

又屋水正側共十七間十屬土又屬數屬火初運以坎山當事行運十年屬水山生

屋居之吉次以層數當事三屬木每層十年行運共三十年俱吉次以間數當事行

運十年十屬土尅山大凶減半平平再以零數當事行運十年七間

屬火為水火既大瀋吉共計六十年週而後始再以水運行之坎宅不宜作五間五

進五屬土財兩損再以流年主命六事泰之方準餘以類推又如離宅以火為

主正屋宜作五層五屬土每進五間亦屬土或七間屬火共計正側屋七十五間七

十屬火五間屬土行運無不旺自然有吉無凶矣或作七間三進而木

吉又如震巽二宅以木為主不宜作五進五間五屬土受尅凶宜作七間三進而木

火相生吉若作三間三進木太強不利主人宜開門以剋之或金命人居之反吉又

如乾兑定以金為主不宜作三間三進為金木相戰凶宜作五間五進或六進居之

興旺又如坤艮二定以土為主不宜作三間三進宜五進四進入間九間以上八宅

署舉一二以為例數業推之隨時在地隨人布置之務要相生勿使相背斯可矣如

有不合式者待行運到時或添設一進或添設側屋廖數以為救法可以化凶轉吉

起運

凡屋之起運以入定之年為始空屋無命運如居之已久而行到敗運者當作修

作以振動之則從本定重新起運照新屋行運算而昔敗運已截任不行矣如定仍

舊而遇一新主居之則又從本山從新運算起不可以舊屋論之起運照前此推屋運

之法也此為一時有時之太極一年有一年之太極一日有一日之太極

主命論

主命者主人之生年納音之如甲子乙丑納音海中金也要宅與屋運與流年相生為吉假如坎宅坎局屬水生年納音水命人居三比和吉金命人居之赤吉不命人居之為之生氣大吉火命人居之敗絶土命人居之瘟瘟其餘傲此推之如火命人居水宅應凶如遇行木運十年反吉以宅生運之生命也如遇三進三間居之又吉以宅生屋屋生命也如居坎宅側屋三碧四綠方或九紫方亦吉以方位之相生助也流年亦然反此凶矣

流年論

流年之亦有九宫也人事辍離多因於此逢吉則吉逢凶則凶可作救星可作忌星凶总宜静吉救宜動古人云凶星不動不覩凶吉星不動不見吉正謂此也假如又

赤流年入中當事即將之赤從第一間類起如坎宅五間從左手第一間起一白第

二二黑第三三碧第四四綠昌（亦文昌）第五五黃為土煞此是坐間之星也再將流年之

赤如坎屋左第一間數起乙赤金生水一白水吉第二間八白與二黑比和平平第

三間與九紫火相生吉第四間與一白水為魁星生（宜）四綠木為父金相會大吉第五

間二黑土煞與五黃煞為助殺大凶凶者為靜吉者宜動餘者敬此又如四綠間本

在坤方宜開四綠文昌門路以此推之可知動方宜開門路反其相生相吉而已又

如火命人而居水間流年木星加之則為救木命人居炎水間流年土曜加之為忌

宜動之間路市以剋法而推大要局星為主局旺則有權為吉雖有小疵亦無害也

局衰則無力以制山局雖有吉星加臨無益故事陽宅之論大暑加此法在變通亦

可補救非徒空言者比也

坤二黑　　兑_金七赤　　乾_金六白

坤土

離_火九紫　　中_黃五　　坎_水一百

巽_木四綠　　震_木三碧　　艮_土八白

此九宮八卦之定位也以水分局以向定

以元運之定吉凶尺作開門修方出路俱準

此推其生尅制化而後用之可也

上元　一白　坎局

在水之北則為坎局以丙局之方位生剋視前圖云坐宮生剋而後用之二

黑五黃八白俱屬土剋入為煞二黑到乾乾金本生入洩土之氣其凶減半

五黃到離火生土其凶加培八白到震見木受剋其凶減半六白七赤俱屬

金為旺氣六白到坎名守元神不為洩氣大吉七赤到坤三若土保本局之

煞方見金而生大吉艮土為煞方見木制而無害凡煞為財到巽而復生三

碧為洩到兌而夢制候作吉論後八宅當依此而推耳

七
生見生
大吉　三赤
洩見　二
洩見

五
尅見生
凶　一
生氣大　六
吉

九
財見生
吉　八
尅見尅　四
財

此局以向南作坎宅三典局同蓋養差之病

以向北作離宅剋黃見煞局看著水火既濟方吉以

向東作乡兌剋黃又亦看宅生局向兌作震宅

刘黃三碧局看局生定吉

上元二黑坤局

東北有水為二黑坤局其生尅制化照剋法推之凡二黑五黃為凶星其所剋
三為六害不宜如五黃剋坤二黑入中宮剋為黃助里其山加傷
此局三碧四綠若動而受剋於乾兑金被金剋殺不自立不尚
光為煞炎為生炎方為煞三碧四綠生復化殺若愚意加境

八旺見　四赫見　三赫見
六減見　二　七洩見
一剋見　九生見　五旺見

上元三碧震局

立水在東別為三碧震局一白為生氣到震宮若守元神大吉光為衰亞五黃生
立六白若致剋艮枝生俱大凶餘宮俱可以制化之
此局如四作震宅分局同不看坎作兑宅當重未
生看宅尅局平作坎定者重一白局者宅生局吉作離定當
尅凡凱局看局生宅吉

九洩見　五減見　四
七剋見　三　八財見
二未見　不吉　六生殺見

中元四綠巽局

西北有小浜四綠巽局五黃到乾助殺六白殺臨殺伍之兼殺挨是壬巽死生大或不可犯三聚到巽為旺臨旺位如剋司坎浜外火死剋上壬一白八白次之

三旺　二財見　一未見
三未　二未見　八白局看浜局定旺上

此局向西北作巽定與局同八作看向東南作乾定當黃

白局看定冠局平三作坤之當黃二軍局看作艮定當黃

八生嬎見　四　九生浜見
八　五浜見

一旺見　六未見
一未　五浜見

此局向西北作巽定與局同八作看向東南作乾定當黃

中元五黃比

四面有水或四面街巷或四面溝田則為中宮五黃局作何定當作何局看五則總俗共八面近水則巽八局看或一四水近諸方中遠者當以近水而論此看地氣之大要也

二旺　七浜
二　六浜

此水近南邊則為坎局近北邊則為離局近乾坤艮巽水或街路低田則為乾坤艮巽局定同從左作害隨時趨避三年

九生巽　五　一財
九　五

四未　三煞　八旺
四

中元六白乾局

京南有水為六白九紫煞方一白臨之為丁財發，四九紫臨之，旺生居未，火丑未，生旺居異，顧方發祖，故曰不以丸八劉兌為生兌七兌劉乾，居旺宜作門路，四綠到震，旺財，四綠到坤，居二頭劉坤，居生兌平乎三卯。

此局以向南作乾宅不必分看以作巽定，當黃四綠局看居

此局以向南作乾宅平作艮之方黃白局看作卯之當黃重局看生局吉也

三財見　八進丁　七旺見
一財見　六　　二兌見
一淺見
二財見　九煞凶
五煞見　四財

下元七赤兌局

在水至西劉為七兌先局二里雜凶有煞生之尚可他凶為吉九紫劉坤兌到煞八木宮丈

凶三碧劉臨生地八白六白助吉歇年也

此局向東南作先宅不另看以向西作震宅看此局為煞定以雖宅劉始定煞局作坎宅財為白之看局坐定者

四財見　九煞見　八進丁
二生見　七　　三生
六旺　　五未　　一滅見

下元　八白　艮局

五旺　一財見　九旺見

三殺見　八　四生殺見

乂財見　六財　二旺
減見

西南有水到名下元艮局三碧四綠俱為
吉局二黑禾運火生土化為吉局恩吉四
綠到坎為殺�22生煞以加填九氣又到乾亮白到震一赤到巽俱以制煞吉岂黑雞臨旺二四号可斷也
此局以向西南作艮宅不另看作坤宅當見二黑看局定
並署作乾宅當見六白看局生定作巽宅剋局平

下元　九紫　離局

八　赤　乂財見　三財見

四不吉　九

六生見　二乂見　五乂見　一生旺

壬水之南劍為九紫離局四綠到離為生氣守本宮乂神大吉三碧到艮中吉八白到坤岁
財投生為吉一白到乾殺投生地大逼入赤到震為財福生氣平
此局以向北作離宅之與局為水大吉流南作震宅
定為吉作兌定局冠宅平

陽宅得一訣

如坎宅屬水忌火土是五間八間二間九間喜一間三四間六七間也或一宅五進

為完尅局不吉或三進六進則吉算法即將元運甚星入中佈九宮得一三四六七

方宜安床若二黑方安床主多病五主耗財少丁若病多蠱疾八主小口難養多生

外症再將年星入中若遇伏反二吟斷其吉凶無差矣坎宅洛書屬水忌火土火土

即二五八九進數亦忌假如第一進屬水二七三木四金五土餘倣此推一二三四

五間數同前算將運星入中佈如下元甲子進五間從左手第一間起一白第二間二

黑坤三震四巽五黃土再將流年入中又如甲子七赤即將七赤加於左手第一間

第二間八白餘倣此

先天卦圖

乾馬坤牛震龍股
坎豕離雉艮狗巽雞股
乾父坤母震長男巽長女坎中男離中女艮少男兗少女
子午外酉乙辛丁癸　火陰
乾坤艮巽寅申巳亥　火陽
甲丙庚壬　單陽
辰戌丑未　單陰

向上之星得生旺為要故曰向首一星災福柄向上無水不發憑或有水聚畜或見
水光者或合三叉者此謂之玄關又謂之城門此處不可不以令星制之故地之吉
凶全在此分之
生入赶入生出赶出大約撲生旺之氣到向水上謂之生入撲

衰死之氣到向水上即謂之尅入山向乃穴之主體吉凶從此而出陰陽順逆從此

而起之零神零正無定五時運行而外降者也

者為衰過去已矣者為衰宛陽水陰山相配合者將生旺之氣裝在水上衰死之氣換

在山上總在作者互相關涉品配為用水得陽山得陰陽山得陰水得陽此真配合也

即山上龍神在山水裡龍神在水此謂陰山陽水雌雄配合著眼住在旁陰止陽

是氣運消長之陰陽　主張即天心正運立卦山情水意即山水各得其宜配合即

非支干卦爻之陰陽也

天心自然之配合言雌雄配合者也

應驗法

巽風吹入從離宮貪滛女子隨人走房門寅申交媾掛樑間元寅巳亦然見戌小消寅

午戌三方三合火局有火災井灶旺方為水文筆忌在寅午戌方名鐵謹防火燭几

從雜乾來者為九六過長房有血症巽是先天旡與後天旡方消小小房口內有症

若築壩出啞子難產後天艮方有曲：：水上元旺下元出壞脚在小房艮先天震位

長房亦出水消出口打壩築斷有嗊症難產午房門對灶有眼疾

　　驗

六運艮山坤向坤水池震巽水池又小溦巽者財退長房運瘋死四在巽五在震六

在坤不出然也

六運巳山亥向旡乾水六在旡七在乾

六運初塋乙辛巳亥向旡水去六到旡塋下即發

二運巳山亥向旡乾壬水

脈取貪狼護正龍

丑龍 戌乾 亥壬

四運甲山庚向乾五兌咒水坎 六方堆二燈四五發六敗。發杜玉林在嶧岫

三運癸山丁向離艮兌乾巽水三四五皆發七入中巽水八運小房發。蒼梧瑲祖

救在軍璋山

七三五一
六九七一
二四八

九四五
七六八
三八一

即山上星辰與水裡龍神一九二八三七四六會合或一六二七三八四九亦可從

此論其得失。東西即山水父母即玄空三元卦即一元三卦山淨此三卦水淨

此三卦自然合局

水法渙散迷迷之處五星混雜出脈未見明龍名之曰破軍而不入龍格只取龍神

一路出身之脈其脈又分水土金三星合貪巨武為吉三星者乃形局之星非卦爻

方位之貪巨武也

指龍為主人向為賓穴主客猶玄夫婦賓指陰陽之對待山水之交媾牝牡玄關相
通皆在此

城門一訣與龍身出脈正是一家骨肉山情水意即是城門一訣即是收出煞用
一卦法所謂龍到頭者此也所謂賓主雌雄者此也況有山之水可以不論山而有
水之山不能不論水山水相無之地未可但論山龍而論

大五秘訣不過能用一卦即從此一卦流轉九星

如脈者水城也觀血脈之所自來即知龍之所自來矣

三义即城門即察血脈以認來龍也知三义之在何方則知龍之屬何脈山上龍神
以山治龍者也專以山之陰陽五行推順逆生死水裡龍神專以水之陰陽五行推
順逆生死眾水難聚一水当機發機之所與眾獨異微茫淼忽太極之基此是玄竅

名為化氣雌雄對待水土分形潨收灣曲止處是金直而共碎死氣須明龍之衰旺

先看城門于觀歡曰原本取九星相宅煞當求印旺九星生屬宜尋四語則亦為修

方而說非為為相宅而說其言頗為有理因揣其要曰

四一同宮發科名之顯 註其一白到中宮或巽一白是官星四綠是文昌如坎宅一白入中流年遇

宅坤方是一白流年遇四綠到坤之類 坎宅民方是四六流年遇一白到民又如

九七共遇常逢回祿之殃 註九煞是後天火星七赤是先天火數故主火災

二五交加而損主亦且重病 註二黑病符五黃 經曰五主孕婦受災黃遇黑時出寡婦二黑宅母多病黑逢黃出鰥夫

三爻叠臨而叔盜更見官災 註三碧是蚩尤星七赤是破軍星故主盜訟

九紫雖云喜氣然六會九而長房血症七九之會尤凶 火尅金也

四綠固是文昌然八會四而小房殞損二四之逢更惡 木尅土也

八逢九紫耀源知婚喜重來六遇輔星可以尊榮顯貴次求嗣續惟生神加紫白至

論於藏元宜旺氣在飛星是二黑入乾逢八白而財源大進遇九紫而蝨斯蝨

此指坎宅乾方或乾宅中宮言之三碧臨庚會一白庚為先也丁口頻添交二黑則

青蚨閞引此指坎兑先方哉

卦於乾位屬金九星則二黑為土此號星宮之吉入三

層則木來剋土而財少入兑局則星列生宮而人興再逢九紫臨火土之年斯為得

運而財丁並茂焦主科名圖於四間屬金洛書則四綠為木此乃圖剋書

之象入兑方則文昌破體而出孤入坤局則土重埋金而出寡若以一層居坎震之

鄉始為得氣而科甲傳名亦增丁口　若夫煞旺當求印旺九星坐庄處宜

尋制煞不如化煞局山旺地施工修動八白之方是為澳土以生金剋勁六白之方

以坐乙赤之旺是　旺地施工餘倣此推而行之一宅可通八宅神而明之九星專用一里按觀此篇紫

白九星取輪年飛到者以與坐家九星較正生尅非此六十年始換一星之死法也況陽宅係生者所扁浮尖最速一敏言凶臨之

地理千里光玄空秘旨

不知來路豈知入路盤中八卦皆空來識內堂兼識外堂局內盡錯五行爽氣脫氣

轉禍福于指掌之間左挨右挨辨吉凶于亳芒之際一天星斗運用正在中央千辦

蓮花根蒂生于點滴夫婦相逢于道路却嫌阻隔不通情况孫盡在於門庭猶慎山

頑非孝義卦爻雜乱異姓同居吉凶相併螟蛉為嗣山風值而泉石膏肓午酉逢而

江湖花柳星連奎璧啟八代之文章胄入斗牛積千箱之玉帛雞交鼠而傾瀉必

犯後流雷出地而相冲定遭桎梏火若尅金無化木数經四禄之災土能制水後生

金定主田庄之富木見火而生聰明秀士火見土而出愚鈍頑夫無家室之相依奔

走于東西道路鮮姻緣之作合寄食于南北人家男女多情無媒妁而目相合陰陽

桐見遇寇讐而反無緣非正妃而一交有夢蘭之兆滂于神之雙至多折桂之英隂

神滿地成群紅粉場中快紫火曜聯珠相遇青雲路上逍遙非類相從家多溪乱雌

雄配合世出賢良棟入南離竝見廳堂再煥歸北極更逢丹詔頻來金血生氣入

門糧臺一宿會有旺神劉穴富積千箱相尅而有相濟之功先天之乾坤大定相生

而有相凌之害後天之金水交併木尅土而金位重重禍湏有救火制金而水神叠

叠更亦能穰土潤水而金伐木而焰熒無忌忌神旺而制神襄乃入室以

捄戈凶神旺而吉神凶真門開而擋益重重尅入立見凶位位生來連添喜氣不

尅我而尅我同類多鰥寡孤獨之人不生我而生我家人出後秀聰明之士悩父所

尅孟不招兇惹母所傷仲浮嗣後人不肖因生方反背盡情賢嗣承宗縁止位之

端方朝揖我尅彼而遭其殃龍財帛以衰身我生之而反受其殃因産難而致死腹

多水而膨脹滬足見金而隔哪巽宮水道匯與乾主有吊梁之厄兊為明堂破震主有吐

血之災風行地而硬直難當室有欺姑之婦火燒天而張牙相鬥家生罵父之兒兩

局相鬥必生逆子孤龍峯定有獨夫坎宮高塞耳聾離位傷害而目瞎尻缺陷而

脣亡齒寒艮破碎而筋苦臂折山地被風吹還生瘋疾

龔位顛病瘋狂開口筆揀于離方必落孫山之外離鄉砂飛于艮位定亡驛路之中

少亡只為冲殘子息卦庭無耆老多因裁破父母文漏道在坎宮遺精泄血破軍居

金水多情貪花戀酒木金相反背義忘恩天緣震武爵庚會文臣而黜武將之權

南極丁太微而朝乾賓客而享耆老耋之壽天市合丙坤富敲國離壬會子癸喜產

多見四生有合人文旺四墓無冲田宅鏡南離北坎位格中天長庚啟明交戰四國

健而動順而動動非佳兆止而靜靜圖不具富並陶朱斷是堆金積玉貴此

王謝緣木橋疏辛比庚而辛更精神甲附乙而甲加靈秀癸拱元龍壬歸紫氣昌

盛各有攸司而臨文曲丁近傷官人財因之耗之見祿存瘟疸必發遇文曲蕩子興

歸值廉頭而火災頻見逢破軍而身体多傷四墓非吉陽土陰土之所裁四庄非凶

卦內卦外由我取若知禍福因由妙在天心豪篇

元機賦

大哉居乎成敗所係微哉墊也興廢攸關氣口司一宅之樞龍穴辨三吉之輔陰陽

難云四路宗支只有兩家數列五行體用思仇姤見星分九耀吉凶悔吝乃勒定元

不可損傷用神最宜健旺值難不傷口因難歸閑地逢思不發祗緣思落仇宮一貴

當擢諸凶咸服衆凶尅主獨力難支火炎土燥南離何益乎艮坤水冷金寒坎小不

茲乎乾兌然四卦之五交因取生旺八宮之締合自有假真地天為泰老陰之土生

老陽若坤配兌女庶妾難投寡母之歡心澤山為咸少男之情屬少女若艮配純陽

鰥夫豈有發生之机拈進木成林雷風相薄中文得配水火方交木為火神之本水

為木氣之元乾兌托假傷之謂艮坤通偶爾之情巽陰就離風散而火烧息震陽生

火雷奮而火尤明震與坎為乍交離共巽而暫合坎為生氣澤得巽而附龍聯歡乾

乏元神用兌金而傍成假主風行地上決定傷脾火照澤天必當吐血水兼乾戌荘

生難免歌盆流澤未坤貫臣常遭婦賤艮非宜也箭傷股析兌利乎唇言齒寒坎宮

缺陷而墮胎雜位傷殘而目瞎輔臨丙丁位列朝班巨八艮坤田連阡陌名揚科第

貪狼星在巽宮職仕專閫武曲峰當廣震乾首坤腹八卦推詳癸之丁心十干類取

愚淺河圖秘奧是為天地元机此方位之驗雜与者盾卦位不相得而百見應者也

一調一遠兩星同宮斷

四一同宮准發科名之顯九七　其遇常遭四祿次之二五交加而損主亦且重病三

乂迭臨而尅益更見官刑三九九六三帷在乾震離攀龍有之屋吉一七乂四

四一但當艮坤中附鳳何難之屋吉八二五五八在冀坎登雲旦(賀)之屋吉遇

退煞亦無媒逢生旺則利益非獨運與局可以參觀抑且年月尤湏並論運氣交逢

分大小年月交會辦三宅以局方為主湏看其形屑以圖運即是星挨權坤尤流東丁

向科名獨甦庚水出巽艮山甲第流芳下元癸邜坎局之中宮發科歲在壬寅尤上

之六白入洊煞旺湏求身旺制煞不如化煞乂赤先天火煞九煞後天火星旺宮單

遇動姤為砅煞廈重逢靜亦肆雲山連上巳如火星叠見或戊已加臨不分動靜火

患非均廟宇刷紅在一曰坎方尚主瘟火楼臺興訟當七赤旺地豈免炎炎二星

同列一宮萬家成爐片剋巽方庚子造書館坎兌二局盡爍而坤局之界木優己墻

上兩卦走髙樓冀子黑病符無論中離疚俱燒而艮局遠方妨免五黃關煞不拘臨方到向人口常

損二黑病符無論小運流年疾病多生五主孕婦受災黃遇黑是出寡二主宅母多

瘦黑逢黃又鰥居運如已退九紫相逢災不輕運若已來五二交臨疾不免三碧好

勇聞狼之夫七赤蕭煞劍鋒之象交劍煞臨多叔掠鬥牛然起免官形七逢三到生

財當知財多招盜三遇七臨生病當知病已遭官運至何懷芽心然而柔心遇旺終

逢賊刼身強不畏反吟但因助神一去遂見官災若求恩當遇盜何須局外搜求要

識却病延年全在疇中討論六八武科發跡七九黼翥榮身八六文士恭軍二九巽

途擢用旺生一遇即死退煞臨當六逢九而長房血症七九之會尤尚八值四

而小口殞生二四之逢更惡二四一八三八逢九紫婚喜重來六遇八星尊榮疊至欲求

嗣續惟取生神加紫白若論帑藏尤宜旺氣在飛星二黑入乾逢八白而財源大進
遇九紫而蚕斯蠶三碧臨庚會一白則丁口頻添交二黑則青蚨闐闐木向逢一
白為生八白同宮雖添丁口不育大層遇木運招財逢年尖子却惹官而生災遇煞
來可言煞年求化未為恩逢生未可言生尤懼恩星受制方曜宜配局配山更配層
星乃善向星必合山合層尤宜方位增光在方論方原有運宮坐尅之辨復配以山
之生死局之旺衰層之退煞而方曜之得失斯善就向論向固有疇宮配合之殊再
合以層之恩難山之父子局之財官而向星制此化耒彰論方者以局山同到觀其
得運失運而吉凶懸絕論向者以運年月疊至徵其得氣失氣而休咎分途卦于乾
位屬金九星則二黑為土此號星宮之吉入三層則木來尅土而財少入尖局則金
列生宮而人興再運九紫臨火土之年斯為浮運而財丁並茂與主科名圖于四向

屬金洛書則四綠爲木此乃圖尅書之象入尅方則文昌破体而出孤入坤局則土

重埋金而出寡若以層一居坎震之鄉如猶得氣而科甲傳名亦增丁口層局雖交

運而闗煞方之六事亦怕都天火星疊凶山水逢元而死退方之凶星尤畏黃擁豹

尾助雲吉凶原曲星判隆替乃從運分

三字經

大玄空○妙無窮○用九星○排九宮○分順逆○各不同○動八卦○一卦通

躔何位○落何宫○夫與婦○各相從○隨元運○判吉凶○山管山○水管水

兩相慰○喜和融○惟空位○忌流衝○艮寅甲○巽巳丙○坤申庚○乾亥壬

此十二○陽順輪○子癸丑○卯乙辰○午丁未○酉辛戌○此十二○陰逆行

曰辰戌○曰丑未○覠單陰○曰甲庚○曰壬丙○此四干○單陽名

曰子癸。曰丑艮。曰邠乙。曰辛酉。兩相比。是雙陰。曰乾亥、曰坤申

曰巽巳。曰艮寅。兩不離。雙陽親。排六甲。佈八門。陰轉陽。陽轉陰。

有時陽。有時陰。顛顛倒。順逆行。分陰陽。定五行。薰左右。空中尋

坤壬乙。巨門出。庚丙辛。是破軍。巽辰亥。武曲名。甲癸申。貪狼行

天心轉。九宮更。非巨門。曰巨門。非破軍。曰破軍。雙雙起。無定名

通變化。任橫行

八卦分六十四卦論

繫辭經云乾為天為陽為老父于身屬骨首肺面上焦于若四九二卦配合天水訟

天山遯天雷無妄天風姤天火同人天地否天澤履　　坎為水為陽為中男

于身屬耳血腎寒于若一六二卦配合水山蹇水雷屯水風井水火既濟水地比水

澤節水天需

艮為山為土為陽為少男于身屬手指骨鼻背于若五十二卦配

合山雷顧山風蠱山火賁山地剝山澤損山天大畜山水蒙　震為雷為木為陽

為長男于身屬足肝髮音驚于若三八二卦配

雷天大壯雷水解雷山小過　巽為風為木為陰為長女于身屬股肱風疾氣于

若三八二卦配合雷風恆雷火豐雷地豫雷澤歸妹

若三八二卦配合風火家人風觀風澤中孚風天小畜風水渙風山漸風雷益

離為火為陰為中女于身屬心目熱于二七二卦配合火地晉火澤睽火天大有

火水未濟火山旅火風鼎火雷噬嗑　坤為地為土為陰為老母于身屬皮肉腹胃

穀不化于若五十二卦配合地澤臨地天泰地水師地雷復地風升地火明

兑為澤為金為陰為少女于身屬肺舌口疾涎于若四九二卦配合澤天

歲。

夫澤水困澤山咸澤雷隨澤風大過澤火革澤地萃

照妖玉鏡

碧綠加坤艮而病脾胃〔木尅土也〕六七遇贰需肺傷〔火尅金也〕贰逢一白而害目〔水尅

六七而筋當〔金尅木也〕二八臨一白而病在腎〔土尅水也〕五黄遇碧而病腹肚〔木尅土也〕碧綠浮

陽宅心鏡

子癌氣丑脾肝寅背肱卯目手辰背胸已面齒午心腹未脾脇申肺酉肝肺戌背

肺亥肝腎

一掌金訣

甲肝乙胆丙小腸　丁心戊胃已脾鄉　庚是大腸辛是肺　壬是膀胱癸腎臟

火心金肺木從肺　脾胃從來戊已着　腎臟北方壬癸水　相生相尅許多般

甲頭乙項丙肩求　戊脇丁心已脾傳　庚係人臍辛是腹　壬脛癸足可尋搜

疾病論

金弱遇火灾之地血疾無疑　戌年應　土靈逢木旺之鄉膓空論　乙丑年應　筋疾骨痛盒因木

被金傷　年應眼目昏花必是火遭水值土傷　下元冷疾只因水值土傷　未年應

碎金賦

金來尅木多凶死　　自縊刀傷病肺肝　　咳嗽痰哮胸隔滿　体靈舌燥又咽乾

木來尅土瘋顛病　　胃氣冲心發笑歌　　體弱面黃幷眼澁　失音氣血欠安和

腿疼足痛傷筋骨　　撥理皆因木叓傷

腿酸脚軟風邪作　　肚痛膨脝咳嗽多

土尅尅水主啞聾　　失音小子主痰癆　　風狂無定多思憲　眼底昏花氣不通

水來尅火火頭痛　　噎食邪邆病作祸　　水盛傷心與瀉痢　皆因水火不能交

婦人胎病無崩漏　　寒热均難胃不調

火若尅金多咳嗽　胃寒食少面皮黄　酒色靈勞咸吐血　肺金㷒火見形傷

投河自縊魚爲盜　手足難伸見老陽　更有風顛及癱瘓　老陽少女各身當

地理叮書終

天心正運

弟子平芳

東渠守人錄

天心正運摘要　　　　　　　　鴛口華子平著

山向陰陽表

陽

五

戊　乾亥壬艮寅甲巽巳丙坤申庚陽局

陰

五

戊　子癸丑卯乙辰午丁未酉辛戌陰局

子午卯酉配乾坤艮巽局

一陰子　二陽坤　三陰卯　四陽巽　五

六陽乾　七陰酉　八陽艮　九陰午

一陽壬　辰戌丑未配甲庚丙壬局

二陰未　三陽甲　四陰辰　五

六陰庚　七陽　八陰丑　九陽丙

一陰癸　寅申巳亥配乙辛丁癸局

二陽申　三陰乙　四陽巳　五

六賊　七陽八陰　九陽

一陰　二陽申　三陰　四陽巳　五

六陽亥　七陰辛　八陽寅　九陰丁

附飛星長生説

經曰二十四山管三卦莫與時師話忽然知得便通儒代代鼓駢闐此即一卦有三
卦之說後人解者紛紛莫肯將真詮透露予特明言以便世人解悟試舉八白運中
離卦以明之如八運之壬子癸三山丙午丁三向用上飛星法丙向順飛至丙為父

之乃庚也庚乃陽金豪丙陽火之方向上本之火尅飛星之謂之尅出之又爲失運

退氣丁財俱無大不利矣午向逆飛至爲八八乃巽也巽陰火之方向

上本位之火生飛星之土謂之生出財丁俱淺雖爲旺氣亦何益子丁向順飛至丁

爲八八迺寅也寅乃陽木壽丁陰火之方飛星之陽木尅工本位之陰火謂之生

又火生於寅旣爲當元旺氣又爲長生丁財皆旺豈不大利乎推之三元九運二

十四山向四十八焦局同此例算之吉凶無不神驗禍福判然可斷此卽八神四個

一八神四個二也又卽本山來龍立本向也非是子山來龍立子向也滇人自悟之

總云先要地盤立局山宜坐生旺向死絕水宜坐死絕向生旺此局卽在四長生中

推算五行再合換星元運之吉凶於是地盤合局天星合運兩者無之自然有吉無

凶所以飛星長生相爲表裏二而一者也世人分開言之皆是未知青囊天玉諸經之
旨耳

飛星順逆表

運	乾山	巽向	亥山	己向	壬山	丙向	子山	午向
一運	順	逆	逆	順	逆	逆	順	逆
二運	逆	順	逆	逆	順	逆	順	順
三運	順	逆	順	逆	逆	順	逆	逆
四運	逆	逆	逆	順	順	順	順	順
五運	順	順	順	逆	逆	逆	逆	逆
六運	逆	逆	逆	順	順	順	順	順
七運	順	順	順	逆	逆	逆	逆	逆
八運	逆	逆	逆	順	順	順	順	順
九運	順	順	順	逆	逆	逆	逆	逆

癸山　丁向　丑向　未向　艮山　坤向　寅山　申向　甲山　庚向

順　逆　逆　順　逆　順　逆　逆　順

逆　順　順　順　順　逆　逆　順　逆

順　順　逆　順　逆　順　逆　逆　順

逆　逆　逆　逆　逆　逆　順　順　逆

順　順　順　順　順　逆　逆　逆　逆

逆　逆　逆　逆　逆　逆　順　逆　順

順　順　順　逆　順　逆　逆　順　逆

順　逆　順　順　順　逆　逆　逆　順

逆　順　順　逆　順　逆　逆　順　逆

章仲山門內秘傳堪輿奇書　附　天心正運

亥向	己山	乾向	巽山	戌向	辰山	辛向	乙山	酉向	卯山
順	逆	順	逆	逆	順	逆	順	逆	順
逆	逆	逆	逆	順	順	順	逆	順	逆
順	順	順	順	逆	逆	逆	逆	逆	逆
順	逆	順	逆	逆	順	順	順	順	順
順	順	順	順	逆	逆	逆	逆	逆	逆
逆	順	逆	順	順	逆	順	順	順	順
順	順	順	順	逆	逆	逆	逆	逆	逆
逆	逆	逆	逆	順	順	逆	順	逆	順
逆	順	逆	順	順	逆	順	逆	順	逆

丙山	壬向	午山	子向	丁山	癸向	未山	丑向	坤山	艮向
順	逆	逆	順	逆	順	順	逆	逆	順
逆	順	順	順	逆	順	逆	逆	順	順
順	逆	逆	順	順	逆	順	逆	逆	順
逆	順	順	逆	順	順	逆	逆	逆	逆
順	逆	逆	逆	逆	逆	逆	順	順	順
順	逆	逆	逆	順	順	順	逆	逆	逆
逆	順	順	逆	逆	順	逆	順	逆	順
逆	逆	逆	逆	逆	順	逆	順	順	順
逆	順	順	逆	順	逆	逆	順	順	逆

申山	寅向	庚山	甲向	酉山	卯向	辛山	乙向	戌山	辰向
逆	順	順	逆	逆	順	逆	順	逆	順
順	順	逆	順	順	逆	逆	順	順	順
逆	順	順	逆	逆	逆	逆	逆	逆	逆
逆	逆	逆	順	順	順	順	順	逆	順
順	順	逆	順	逆	逆	逆	逆	逆	逆
逆	逆	逆	逆	逆	順	順	順	順	逆
逆	順	順	順	逆	逆	逆	逆	逆	逆
順	順	順	逆	逆	順	順	逆	順	順
順	逆	逆	順	順	逆	順	逆	順	逆

五行生尅表

上一字在内洛山
下一字在外砂向

生入	尅出	生出	尅入	比和
二九	一九	一三	一二	一一
一七	二一	一四	一五	二二
一六	三五	二六	一八	三三
三一	三八	三九	二三	三四
四一	四五	四九	二四	三三
五九	四八	五六	三六	三三
六八	五六	五七	三七	四三
六二	四二	五七	四六	四四

六五　七八　七二　七五　八九　九三　九四

五一　六三　六四　七三　七四　八一　九六

六一　七七　八六　七七　八七　九二　九五　九八

四七　五三　五四　六九　六六　七九　八三　八四　九一

五五　五八　五二　五七　六七　七六　六六　七六　九八　九八
　　　　　　　　　　　　　　　　　　　　二　九　八五
　　　　　　　　　　　　　　　　　　　　　　八

生尅凡例

如山上飛星為一白水遇向上飛星到此方為六白金一與六相見向盤之金生山盤之水曰生入

如山上飛星為一白水遇向上飛星到此方為九紫火一與九相見山盤之水尅向盤之火曰尅出

如山上飛星為一白水遇向上飛星到此方為碧木一與三相見山盤之水生向盤之木曰生出

如山上飛星為一白水遇向上飛星到此方為二黑土一與二相見向盤之土尅山盤之水曰尅入

如山上飛星為一白水遇向上飛星到此方為一白水一與十相見山盤之水同向

鹽之水曰比和

凡一應方位皆照此例推算生入尅入大吉生出尅出大凶比和無吉無凶

北星五行起法

九星五行之法如上元一白運子山午向將一白本運飛布八方一白入中二黑在
乾三在兑四綠在艮五黃在離六白在坎七赤在坤八白在震九紫巽在此係本元
之運一路順行九運皆同也至飛星山向則分順逆如上元子山坎卦所屬六白在
中宮順飛八方逢六何以用順也子午卯酉其局屬陰乾坤艮巽其局屬陽此八局
一爲子陰二坤陽三爲卯陰四爲巽陽天爲乾陽七爲酉陰八爲艮陽九爲午陰也
逢六遇乾乃陽局陽順陰逆所以六爲陽局順飛八方六入中宮七至乾八至兑
九至艮一至離二至坎三至坤四至震五至巽本山變爲二黑本向上變爲一白此

係飛星上之星於是向之五黃入中遂飛八方逢五何以用逆也以子午卯酉為陰
也每局逢五皆從山向定陰陽山為陰五即陰山為陽五即陽向為陰五即陽
陽五即陽此局五在向向是午午是陰所以五從五陰向遂飛八方五入中宫四至
乾三兌□至□兌二至艮一雜九至坎八至坤七至震六至巽向□為一白本山變為
九紫此係飛向上之星山與向兩者合看山上二黑加九紫向上一白加一白於是
飛星五行之法始備總之元運之一白而分山向之六五以山向之六五而六五之
乾巳以六五之乾巳而明乾巳之例皆同山向之飛星定於是辦元運之得失山向之生剋以判
向四十八局飛星之倒皆同山向之陰陽以乾巳之陰陽而正陰陽之順逆二十四山
吉凶辦之其法俱有成書刊刻行世茲不復贅凡用飛星之法先要地局合格然後
以山向水口主持氣運學者須以神會之可也

依運推算法

元運							
戌向	乾向	亥山	壬向	子山	癸向	丑山	艮向

一白							
未和比	坤出生	申入生	戌入尅	乾和比	亥和比	辰入尅	癸入尅

二黑							
甲入尅	卯出尅	乙出生	庚入尅	酉入生	辛入生	巳和比	戌和比

三碧							
辰和比	巽出尅	巳出尅	丑入尅	艮出生	寅和比	戌出生	乾出生

四綠							
巳和比	戌入生	戌入尅	丙出尅	午出尅	丁出生	庚出生	酉出生

五黃							
戌和比	乾和比	亥和比	壬和比	子和比	癸和比	丑和比	艮和比

六白							
庚出生	酉和比	辛入尅	未入尅	坤入生	申入生	丙入生	午入生

七赤							
丑和比	艮入生	寅出生	甲出生	卯出生	山出生	壬出尅	子出尅

八白							
丙入生	午入尅	丁出尅	辰入尅	巽出生	巳出尅	未和比	坤和比

九紫							
壬出尅	子出生	癸和比	戊入尅	巳入尅	巳入尅	甲入尅	卯入尅

丁午　丙巳　巽辰　乙卯　甲寅
向山　向山　向山　向山　向山

己　巳　戊　丁午　丙寅　艮丑　巳
出生　出生　出生　和比　出生　入生　和比　出剋　出剋　出生

亥　乾　戌　癸子　壬　丁午　丙戌
入剋　出剋　出剋　入剋　入生　出剋　出生　出生　出剋

辛　酉　庚　申　坤未　癸　子　壬　亥
出剋　出剋　出剋　出剋　出剋　和比　入生　入生　入生　入生

寅　艮　丑　乙卯　甲　申　坤未　辛
入生　出生　出生　入生　和比　出剋　入剋　出剋　出剋　入剋

丁　午　丙　丁　巽辰　乙卯　甲　寅
和比　和比　和比　和比　和比　和比　和比　和比　和比

癸　子　壬　戌　戊　巳　巳　巽辰　丁
入剋　入剋　入剋　和比　出剋　和比　出生　和比　出剋　出生

申　坤　未　亥　乾　戌　巳　己戊　癸
出剋　出生　出生　入剋　入剋　和比　出剋　出剋　出剋　甲生入

乙卯　甲　辛　酉　庚　亥　乾　戌　申
入生　入生　入生　出剋　入剋　出生　入生　入剋　出剋　入剋

巳　巽　辰　寅　艮　丑　辛　酉　庚　乙
和比　入生　出生　入生　出生　和比　入剋　入剋　入剋　和比

辛向山	酉向山	庚向山	申向山	坤向山	未向山
乙出剋	卯出剋	甲和比	辛和比	酉出生	庚生
巳入剋	甲出剋	辰入生	寅出生	艮和比	丑和比
已	癸出剋	戊出生	丁入剋	午入生	丙入生
亥出生	己入生	戌出生	癸出生	子出剋	壬出剋
辛和比	酉和比	庚和比	申和比	坤和比	未和比
寅出剋	艮入剋	丑入剋	乙入生	卯入剋	甲八剋
丁入剋	午入剋	乙入生	巳入剋	巳入剋	辰和比
癸出生	子出生	壬出剋	戊入生	乾和比	巳和比
申比和	未入生	亥出生	戌出生	酉	戌和比

此法上以推算將來用之以將來逐元之運入中順輪到山到向為河圖室其
生剋比和以斷吉凶以左本運中起造陰陽兩定仍憑本運之飛星輪到山向
以斷吉凶不可執煞法以慎用趨山避人丁丙後財祿

九星應天星次序

八九

排山掌輪法

一貪狼　　　　天蓬星太乙坎水白
二巨門　　　　天芮星攝提坤土黑、
三祿存　　　　天衝星軒轅震木碧
四文曲　　　　天輔星招搖巽木綠
五廉貞　　　　天禽星天符中土黃
六武曲　　　　天心星青龍乾金白
七破軍　　　　天柱星咸池兌金赤
八左輔　　　　天任星太陰艮土白
九右弼　　　　天英星太乙離火紫

如上元一白運乾山巽向即將本運之一白入中順輪星

即以二黑為山之飛星再輪至巽四渟九紫即以九紫為向上飛星

以山上飛星二黑入中二黑屬坤即以坤之未坤申移入乾宮則乾下是坤坤流

陽法順輪至乾六渟三碧即以三碧為山之飛星再輪至巽四渟一白即以一白為

向上山飛星 法為第二盤

入巽下是午午屬陰法逆輪至巽四渟一白即以一白為向之飛星與向上山飛星

交俱一白即以壬子癸移入巽宮巽下內外俱子為比和主財祿可許平常再輪至

乾六渟八白即以八白為山上飛星與向上飛星交即以內三卦八即震宮甲卯乙

移入乾宮為內再以艮宮丑艮寅移入乾宮為外財內外艮為尅出山主人丁斷

必絕後 為之第三盤　如上元二黑運壬山丙向即將本運二黑入中宮順輪運起

飛星俱
順行
至離九丙屬
離宮
七赤為山之法此本運起飛星為第四盤

得六白即以六白為向之飛星再輪至坎一坎壬宮得七赤即以

再以山之飛星七赤入中宮七赤屬兌即以兌宮庚酉
辛移入坎宮則壬下是庚庚屬陽法順輪至離九得二黑即以二黑為向上山飛星

再輪至坎一得三碧即以三碧為山上飛星盤也再以向飛星六白入中宮六白
屬乾即以乾宮戌亥移入離宮則丙下是戌屬陰法逆輪至坎一得一白與山

上飛星交則內三外一即以震之甲卯乙與坎之壬子癸交則壬水生甲木為生入
山主人丁斷必繁衆再輪至離九得二黑即內外俱二即以坤之未坤申移入離宮此內上飛星法
則丙下內外俱未為比和向主財祿斷其平常此為第三盤已

右錄起法二則餘可推類

二十四山向分三局歌

子午夘酉神。　　乾坤艮巽親。　　辰戌丑未位

巳亥與寅申。　　乙辛丁癸倫。　　甲庚丙壬配

山向通利歌

一白運

壬乾亥子。　　辰艮星祥。　　上元一白。

癸壬子戌。　　癸甲未丑。　　乙巳平平。

基業恢宏。　　巳巽庚丁。　　辛山共九。

二黑運

二黑祥星。　　艮乾丑未。　　半吉坤靈。

壬寅甲子。　　夘乙坤申。　　庚辛未酉。

三碧運

三碧祥臻。　　辰巽戌乾。　　半吉之神。

庚丁乙巳。　　戌亥寅乾。　　連辰九位。

四綠運

建業生賢。　　平平酉巽。　　四綠真詮。

六白運

七赤運

八白運

九紫運

五黃運二十載二十四山向俱比和故不必歌此八歌須依與運推算法合看

赵造坐山吉卤歌

坤庚酉未○　癸子丁壬○　丙同丑艮●

六白祥臨○　辰乾卯酉○　卤亦無侵○

乾寅癸巳○　申酉庚辛○　同坤九曜○

七赤如珍○　非卤不吉○　未戌建辰○

戌乾卯乙○　丙巽申丁○　壬寅共午○

八白祥星○　艮坤未卤○　立吉難停○

癸壬艮丑○　甲卯乙綿○　酉庚巳午○

九紫縈晶○　寅辰丁未○　辛亥無缺○

起造對向吉凶歌

上元一白妙非常　子癸寅辰卯乙鄉　山坐艮乾壬未丙　廿年之內必殃連

二黑壬寅亥乾甲　巽辛巳上子孫賢　山居丁午申辰位　造葬人家毀泣連

亥戌壬乾卯乙間　上元甲乙亦佳山　巽庚癸子逢三碧　巳艮酉辰後商難

卯乾亥丑艮坤申　酉未壬庚蓋吉祥　寅午丁辛逢四綠　兒孫消散哭聲頻

子癸寅乾甲卯鄉　五黃乙亥戌皆艮　巳丁午巽庚辛酉　更有甲辰總不祥

癸子中元巳艮通　酉山六白也興隆　甲寅卯丑申坤未　巽乙消凶丙乚窮

卯辰午甲戌皆高　七赤兒孫豈富毫　庚巽乾坤申酉丑　辛丁亥巳盡遭殃

乙寅巳亥妙堪誇　戊丙山推八白嘉　癸子申庚乾巽坐　人消家散禍無涯

丁壬丑巽共坤申　九紫山逢旺子孫　午戌酉辛營不得　宅坟坐此哭天昏

丙乾未艮妙通神。一白興工產業洪。卯癸寅辰連乙子。貪狼向上也當窮。

丁午申辰二黑承。向朝家道似雲興。寅乾甲巽壬辛亥。巳亦庚神業漸崩。

癸巽辰庚艮子臨。旺神巳酉向多金。未乾亥戌迎三碧。乙甲辰屋卯惡侵。

辛丁寅午丙堪收。四綠田財日進優。卯闢坤申庚酉丑。壬乾艮亥室無留。

五黃辰巳酉申庚。寅午丁辛巽業宏。甲卯乙乾連子癸。盤繩亥戌亦毋迎。

卯申申寅未一循。巽坤丑丙亦祥臻。子方六白原非吉。巳酉家空癸更貪。

丁坤丑亥巽乾辛。酉巳申庚積產田。午卯戌辰弇甲山。運逢七赤哭蒼天。

八白庚申癸巽方。子乾朝對日增祥。乙寅亥丙俱丙地。戌巳門迎也不良。

午辛酉戌下元神。九紫門前喜氣臻。申巽坤壬坤丑位。室如縣罄難聲頻。

己上山向十八歌須與二百六十圖及吉凶表合觀。

子山午向

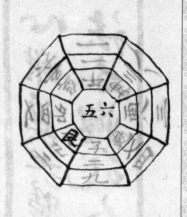

因堪輿以安親

不悖心妖疵藴方

儻得一軌僑共騰

人咸國富世

歸淳

鷙沔守愚道人題

民國辛未歲中秋後復月之中刻錄畢

雲南東渠洵人藏

心雖奠其曉
法不與孔人

心一堂術數古籍珍本叢刊　第一輯書目

編號	書名	作者	說明
32	命學探驪集	【民國】張巢雲	發前人所未發
33	澹園命談	【民國】高澹園	稀見民初子平命理著作
34	算命一讀通——鴻福齊天	【民國】不空居士、覺先居士合纂	
35	子平玄理	【民國】施惕君	
36	星命風水秘傳百日通	心一堂編	源自元代算命術
37	命理大四字金前定	題【晉】鬼谷子王詡	稀見清代批命斷語及活套
38	命理斷語義理源深	心一堂編	

相術類

編號	書名	作者	說明
39–40	文武星案	【明】陸位	失傳四百年《張果星宗》姊妹篇　千多星盤命例　研究命學必備
41	新相人學講義	【民國】楊叔和	失傳民初白話文相術書
42	手相學淺說	【民國】黃龍	經典　民初中西結合手相學
43	大清相法	心一堂編	
44	相法易知	心一堂編	
45	相法秘傳百日通	心一堂編	重現失傳經典相書

堪輿類

編號	書名	作者	說明
46	靈城精義箋	【清】沈竹礽	
47	地理辨正抉要	【清】沈竹礽	
48	《玄空古義四種通釋》《地理疑義答問》合刊	沈瓞民	玄空風水必讀
49	《沈氏玄空吹虀室雜存》《玄空捷訣》合刊	【民國】申聽禪 沈瓞民	沈氏玄空遺珍
50	漢鏡齋堪輿小識	【民國】查國珍、沈瓞民	
51	堪輿一覽	【清】孫竹田	經典　失傳已久的無常派玄空
52	章仲山挨星秘訣(修定版)	【清】章仲山	章仲山無常派玄空珍秘
53	臨穴指南	【清】章仲山	門內秘本首次公開
54	章仲山宅案附無常派玄空秘要	心一堂編	沈竹礽等大師尋覓一生末得之珍本！
55	地理辨正補	【清】朱小鶴	玄空六派蘇州派代表作
56	陽宅覺元氏新書	【清】元祝垚	空陽宅法簡易·有效·神驗之玄
57	地學鐵骨秘　附 吳師青藏命理大易數	【民國】吳師青	釋玄空廣東派地學之秘
58–61	四秘全書十二種（清刻原本）	【清】尹一勺	玄空湘楚派經典本來面目　有別於錯誤極多的坊本